BEI GRIN MACHT SICH IHR WISSEN BEZAHLT

AF167394

- Wir veröffentlichen Ihre Hausarbeit,
  Bachelor- und Masterarbeit

- Ihr eigenes eBook und Buch -
  weltweit in allen wichtigen Shops

- Verdienen Sie an jedem Verkauf

Jetzt bei www.GRIN.com hochladen
und kostenlos publizieren

Bibliografische Information der Deutschen Nationalbibliothek:

Die Deutsche Bibliothek verzeichnet diese Publikation in der Deutschen National-
bibliografie; detaillierte bibliografische Daten sind im Internet über http://dnb.d-
nb.de/ abrufbar.

Impressum:

Copyright © 2015 GRIN Verlag
Druck und Bindung: Books on Demand GmbH, Norderstedt Germany
ISBN: 9783346094575

Dieses Buch bei GRIN:

https://www.grin.com/document/511770

Sophie Bergmann

Wirtschaftspsychologie. Motivations- und Emotionspsychologie, Job Rotation, Job Enlargement und Job Enrichment

GRIN Verlag

GRIN - Your knowledge has value

Der GRIN Verlag publiziert seit 1998 wissenschaftliche Arbeiten von Studenten, Hochschullehrern und anderen Akademikern als eBook und gedrucktes Buch. Die Verlagswebsite www.grin.com ist die ideale Plattform zur Veröffentlichung von Hausarbeiten, Abschlussarbeiten, wissenschaftlichen Aufsätzen, Dissertationen und Fachbüchern.

Besuchen Sie uns im Internet:

http://www.grin.com/

http://www.facebook.com/grincom

http://www.twitter.com/grin_com

Einsendeaufgaben

Wirtschaftspsychologie

SRH FernHochschule Riedlingen

Modul: Wirtschaftspsychologie

Studiengang: Prävention und Gesundheitspsychologie

von

Sophie Bergmann

Inhaltsverzeichnis

Abbildungsverzeichnis

Aufgabe 1

Ein Mitarbeiter ist Feuer und Flamme für ein Projekt, er steckt sein ganzes Herzblut hinein und liefert unaufgefordert sehr gute Ergebnisse. Ein anderer hingegen muss regelmäßig zur Erledigung von Aufgaben angehalten werden. Sind diese Verhaltensunterschiede messbar oder gar vorhersehbar? Hierzu werden zunächst einige Grundbegriffe der Motivationspsychologie definiert.

1. Grundbegriffe
1.1 Motivation

Das Gefühl der Motivation ist den meisten Menschen vertraut. Stellt sich jemand mit Begeisterung einer Herausforderung oder unternimmt alles, um ein Ziel zu erreichen, so ist er motiviert. Es handelt sich um einen Umstand, der das ganze Streben, Denken und Fühlen ausfüllen kann.[1]

Motivation steht für Bewegung und den inneren Antrieb zum Handeln – im Guten wie im Schlechten. Sie ist wesentlich dafür verantwortlich, dass Ziele erreicht und auf dem Weg dorthin Emotionen erlebt werden können. Zudem bestimmt sie die Richtung, Intensität und Dauer unseres Handelns.[2]

1.2 Motiv

Als Motive bezeichnet man thematisch abgrenzbare Bewertungsdispositionen.[3] Es handelt sich um Eigenschaften, die Menschen dazu bewegen, bestimmte Dinge zu tun bzw. Handlungen auszulösen. Jedes Motiv umfasst bestimmte Handlungsziele, wie Leistung, Macht oder Aggression. Jedem Motiv ist zwar eine Vielzahl charakteristischer Parameter zuordenbar, es bleibt jedoch ein hypothetisches Konstrukt. Man versucht mit Motiven Erklärungen des Verhaltens zu liefern, sie sind jedoch nicht direkt beobachtbar.[4]

---

[1] Vgl. Schmalt, H.-D./Langes, T. A.: 2009, S. 9f
[2] Vgl. Comelli, G./Von Rosenstiel, L.: 2009, S. 1ff
[3] Vgl. Schmalt, H.-D./Langes, T. A.: 2009, S. 18ff
[4] Vgl. Trimmel, M.: 2003, S. 23

1.3 Motiv vs. Motivation

Die Beziehung zwischen den beiden Begriffen „Motiv" und „Motivation" lässt sich anhand der Abbildung 1 verdeutlichen. Die aktuelle Motivation resultiert aus der Person- und Situationsvariablen d.h. es bedarf beider Komponenten, um sie auszulösen.[5] Hierbei bezeichnet man die situativen Momente, die die Ausbildung einer Motivation bewirken, als Anreize.[6] Im Bereich der Persönlichkeitspsychologie beschreibt man Motive als Traits. Sie beeinflussen, wie Situationen wahrgenommen und bewertet werden. Bei der Motivation hingegen handelt es sich um den aktuellen Zustand, ein Ziel anzustreben oder zu vermeiden, und somit um ein State.

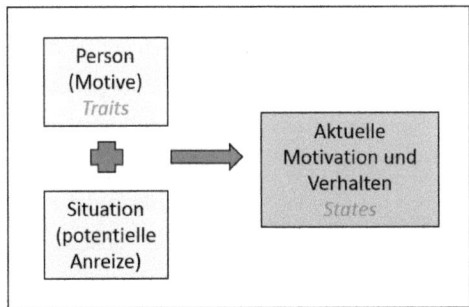

Abbildung 1: Situations- und Personenvariable
(Quelle: eigene Darstellung in Anlehnung an Winke-Fischer, S.: 2013, S. 13)

2. Grundlegende Motive

Um das motivierte Verhalten einer Person näher beschreiben zu können, erfasst man im Rahmen der Motivationstheorien so genannte grundlegende Motive.[7] Jeder Mensch trägt grundlegende Motive unterschiedlicher Stärke in sich, durch die Verhalten möglich wird.

---

[5] Vgl. Rothermund, K./Eder, A.: 2011, S. 93ff, zitiert nach Winke-Fischer, S.: 2013, S. 12
[6] Vgl. Schmalt, H.-D./Langes, T. A.: 2009, S. 20
[7] Vgl. Rothermund, K./Eder, A.: 2011, S. 94ff, zitiert nach Winke-Fischer, S.: 2013, S. 53

2.1 Einteilung

a) Leistungsmotiv

Mit dieser Motivation wird das Ausmaß des Bestrebens nach herausragen-
den Leitungen beschrieben. Der Wunsch nach Kontrolle und Erreichen hö-
herer Standards ist ausschlaggebend für den Antrieb zum Handeln.[8]
Beispiele bilden besonders strebsame Schüler, die an außerschulischen
Nachwuchswettbewerben teilnehmen und damit die Leistungssituation su-
chen. Auch Sportler, die durch Freude am Wettkampf oder mit großer Ge-
winnabsicht an Turnieren teilnehmen, weisen ein hohes Leistungsmotiv auf.

b) Machtmotiv

Dieses Motiv wird auch Dominanzmotiv genannt uns steht für ein Streben
nach Stärke und Überlegenheit. Zielanreize sind das Erreichen von Einfluss
und Kontrolle. Als Beispiele lassen sich hier Mitarbeiter in Führungspositio-
nen nennen, die diese Ziele in Form von Belohnungs- und Bestrafungs-
macht erreichen. Doch auch in Freundeskreisen wird es immer einen domi-
nanteren Menschen geben, der sich mit Überlegenheit Vorteile in der Part-
nersuche sichert. Im Bereich der Expertenmacht lässt sich die Funktion des
Chefarztes heranziehen, der mit seinem Wissen Entscheidungsträger ist.

c) Anschlussmotiv

Hierbei wird das Bedürfnis von Menschen nach Zugehörigkeit und Aufrecht-
erhalten von Beziehungen beschrieben.[9] Es setzt sich aus den Motivkom-
ponenten „Hoffnung auf Anschluss" und „Furcht vor Zurückweisung" zu-
sammen.[10] So ist bspw. beim Eintreten in einen Verein das Bedürfnis nach
Zugehörigkeit und sich Gruppen anzuschließen von zentraler Bedeutung.
Studenten werden beim Besuch von Präsenzveranstaltungen der SRH
Riedlingen ebenfalls mit dem Motiv und der Zielsetzung des Networking
bzw. dem Bestreben, Beziehungen zu knüpfen, anreisen.

---

[8] Vgl. Myers, D. G.: 2005, S. 527 zitiert nach Winke-Fischer, S.: 2013, S. 57
[9] Vgl. Myers, D. G.: 2005, S. 524 zitiert nach Winke-Fischer, S.: 2013, S. 60
[10] Vgl. Winke-Fischer, S.: 2013, S. 60f

2.2 Messung

2.2.1 Thematischer Apperzeptionstest (TAT)

Aufgrund des von Freud vorgestellten Konzeptes der Projektion (eigene Gefühle auch anderen Menschen zu unterstellen), wurde der TAT entwickelt. Dazu werden dem Probanden mehrere Bilder von Alltagssituationen gezeigt und dieser soll dazu Geschichten erfinden bzw. Leitfragen beantworten. Hintergrund hierbei ist, dass unbewusste Bedürfnisse bzw. Motive der Teilnehmer auf die erfundenen Geschichten projiziert werden. Problem des Tests bildet die inhaltliche Auswertung der Geschichte.[11] Somit ist die Testgüte kritisch zu sehen.

2.2.2 Multi-Motiv-Gitter (MMG)

Bei einem alternativen Test, dem MMG, handelt es sich um ein semi-projektives Verfahren. Es ähnelt vom Aufbau her dem TAT, jedoch erfolgt die Bearbeitung der Arbeitsaufträge als Statements bzw. Multiple Choice. Je nach Bedürfnisorientierung werden die Antwortmöglichkeiten angekreuzt.[12] Damit ist das Verfahren deutlich auswertefreundlicher, zudem bzgl. der Güte im Bereich der Objektivität und Normierung positiv hervorzuheben.

2.2.3 Personality Research Form (PRF)

Mit dem Verfahren des PFR wird in einer direkten Messung die Tendenz zu einem der grundlegenden Motive erfasst. Den Teilnehmern wird ein Fragebogen mit Aussagen zu den Motiven vorgelegt und zutreffende müssen angekreuzt werden.[13] Besondere Schwerpunkte liegen auf der Erfassung von Aspekten des Leistungs- und Sozialverhaltens. Zu beachten ist, dass sich die Probanden bzgl. der Einschätzung eigener Motive irren können oder eine bewusste Verzerrung hervorgerufen wird. Reliabilität und Validität sind hier somit kritisch zu sehen.

---

[11] Vgl. Winke-Fischer, S.: 2013, S. 61f
[12] Vgl. Winke-Fischer, S.: 2013, S. 62f
[13] Vgl. Winke-Fischer, S.: 2013, S. 63

2.3 Anwendung in der Personalauswahl

Ein wichtiger Aspekt beim Einsatz von Motivationstests in der Personalauswahl liegt in der Unverfälschbarkeit solcher Verfahren. Dieses Gütekri-
terium ist erfüllt, wenn der Proband das Testergebnis nicht oder nur unwe-
sentlich nach eigenem Belieben beeinflussen kann. Auch die Auswertung
sollte standardisiert möglich sein, um eine Vergleichbarkeit herzustellen.

Beim MMG und dem TAT sind sich die Probanden nicht bewusst darüber,
dass durch ihr Verhalten in diesen Tests Rückschlüsse auf ihre Motive ge-
wonnen werden. Somit ist eine Unverfälschbarkeit gewährleistet. Beim
PRF hingegen werden direkte Selbsteinschätzungen vorgenommen und
die Items sind durchschaubar – damit ist dieser Test anfällig für sozial erwünschte Antworten.[14]

Bei projektiven Verfahren wie dem TAT hängt die Qualität der Auswertung
allein vom Auswerter ab und es ergibt sich eine niedrige Objektivität. Für
den Bereich beruflicher Motivation ist in dieser Hinsicht mit dem semi-
projektiven Verfahren MMG eine erheblich verbesserte Methode verfügbar.
Im PRF ist bei Einhaltung der Durchführungs-, Auswertungs- und Interpre-
tationshinweise die Objektivität gegeben.

Bei allen genannten Tests ist ein Hinterfragen der Ergebnisse und Herstel-
lung des Bezuges zum Berufsalltag im Gespräch sinnvoll und erforderlich.

3. Fazit

Bei Motiven handelt es sich um personenspezifische Dispositionen, die ge-
meinsam mit potentiellen Anreizen in der konkreten Situation eine Motivation hervorrufen können. In der Personalauswahl möchte man diese messen
und somit versuchen, Vorhersagen über das Arbeitsverhalten des potentiellen Mitarbeiters zu treffen. Kritisch zu prüfen sind hierbei mögliche Verzer-
rungen, die vom Bewerber bewusst hervorgerufen werden.

---

[14] Vgl. Schmitz-Atzert, L./Amelang, M.: 2012, S. 291

Aufgabe 2

Nicht jeder Mensch geht mit externen Stressfaktoren wie z.b. Zeitdruck, Aufgabenvielfalt oder Konflikten im sozialen Umfeld auf die gleiche Weise um. Einige Menschen werden durch ein und denselben externen Stressor stärker gestresst und psychisch beansprucht als andere. Was ist der Grund dafür? Hierzu werden zunächst die Grundbegriffe der Emotionspsychologie definiert.

1. Emotionen

Emotionen haben für jedes Individuum relevante Funktionen, die das Überleben sichern sollen. Sie wirken motivierend, wenn sie Urteils- und Entscheidungsprozesse beeinflussen und schlagen sich somit in das Verhalten und Handeln nieder.[15] Über die Betrachtung der einzelnen Bestandteile ist eine Annäherung möglich.

1.1 Bestandteile

Emotionen sind vielschichtig und nur schwer mess- oder beobachtbar. Beginnt man bei der Betrachtung der **Physiologie**, so ist festzustellen, dass emotionale Reaktionen in unterschiedlicher Intensität mit körperlichen Prozessen einhergehen. Vorwiegend sind hierfür die unwillkürlich gesteuerten Systeme von Sympathikus (Anspannung/Erregung) und Parasympathikus (Entspannung) verantwortlich.[16]

Emotionen schlagen sich meist auch im **Ausdruck** eines Menschen nieder. Dies geschieht in Form von Mimik und verbaler, wie auch non-verbaler Kommunikation. Es wird Zuneigung und Mitgefühl ebenso vermittelt, wie auch Ablehnung. Zwischen den Kulturen ist zwar in Bezug auf die Mimik eine Universalität gegeben, jedoch unterscheidet sich die jeweilige Stärke.

---

[15] Vgl. Winke-Fischer, S.: 2014, S. 9
[16] Vgl. Winke-Fischer, S.: 2014, S. 14ff

Mit der individuellen **Erfahrung** gehen die so genannten Basisemotionen einher. Sie sind für den Menschen psychologisch und biologisch von großer Bedeutung. Ihnen zuzuordnen sind bspw. Wut oder Angst. Letztere ist die in der Psychotherapie am häufigsten geäußerte Emotion und ist teilweise durch Lernen beeinflussbar.[17]

Ebenfalls einen großen Einfluss auf die Emotion eines Menschen haben nach Studienergebnissen die so genannten **Spiegelneuronen**. Es handelt sich hierbei um spezielle Nervenzellen, die dazu führen, gleiche oder ähnliche Gefühle wie unser Gegenüber zu entwickeln. Dies kann das Erwidern eines Lächelns oder Traurigkeit sein. Diese Phänomene werden auch als Mitgefühl oder **Empathie** bezeichnet.[18]

1.2 Abgrenzung ähnlicher Begrifflichkeiten

In Zusammenhang mit der Beschreibung von Emotionen werden häufig ähnliche Begriffe genannt, die jedoch klar voneinander abzugrenzen sind.

1.2.1 Affekt

Der allgemeine Begriff des Affektes umfasst die spezifischeren Begriffe der Emotion und Stimmung.[19] Es handelt sich hierbei um einen intensiven, emotionalen Zustand ohne bewusste Erlebenskomponente. Ähnlich wie ein Reflex unterliegt er nicht der Kontrolle des Menschen. Der Affekt ist durch seinen heftigen Verlauf und eine destabilisierende Wirkung auf den Menschen charakterisierbar. Es handelt sich um einen Intensitätszustand beim Auftreten einer starken Emotion in einer Situation, die intentional nicht beeinflussbar ist.[20] Die jeweiligen Handlungen entziehen sich somit der Kontrolle des Akteurs und finden in maximaler Anspannung statt.[21]

---

[17] Vgl. Winke-Fischer, S.: 2014, S. 16f
[18] Vgl. Winke-Fischer, S.: 2014, S. 18f
[19] Vgl. Zhou, J./Shalley, C. E.: 2013, S.28f
[20] Vgl. Schwarz-Friesel, M.: 2013, S. 52f
[21] Vgl. Hartmann, M.: 2005, S. 27f

8

1.2.2 Gefühl

Emotionen gehen mit spezifischen Körperzuständen einher, die als bewusst erlebtes Gefühl wahrgenommen werden können. Allerdings besteht zwischen Emotionen und Gefühlen ein entscheidender Unterschied. Emotionen besitzen außer Gefühlen noch eine intentionale Komponente. Gefühle selbst sind nicht intentional.[22] Somit wird durch eine Beschreibung des Fühlens lediglich ein Teilaspekt der Emotion erfasst. Ein daraus resultierender emotionaler Ausdruck oder Handlungstendenzen bleiben unberücksichtigt.[23]

1.2.3 Stimmung

Stimmung bezieht sich auf generalisierte affektive Zustände. Diese sind temporär und schwankend. Im Gegensatz zur Emotion ist eine Stimmung nicht genau definierbar und hat keine Zielrichtung, sowie keinen exogenen Faktor, der sie bedingt. Stimmung hat zudem ein geringeres Ausmaß als Emotion.[24] Emotionen und Stimmungen unterscheiden sich in Bezug auf mehrere Kriterien. Emotionen beziehen sich auf ein Objekt (Person oder Gegenstand bzw. Situation). Stimmungen sind diffuser.

1.2.4 Empathie

Bei Empathie oder auch Mitgefühl handelt es sich um eine erwünschte, positive, emotionale Reaktion, die die Grundlage für soziale Kompetenzen bildet. Empathie wird häufig als affektive Reaktion definiert, die aus dem Erkennen oder Verständnis des emotionalen Zustandes einer Zielperson resultiert und die ähnlich zu dem ist, was die Zielperson fühlt. Eine zentrale Rolle hierbei spielen Spiegelneuronen, die bewirken, dass eine beobachtende Person mit dem emotionalen Zustand einer Zielperson konfrontiert ist und diesen ebenfalls empfindet.[25]

---

[22] Vgl. Schwarz-Friesel, M.: 2013, S. 46f
[23] Vgl. Winke-Fischer, S.: 2014, S. 10
[24] Vgl. Zhou, J./Shalley, C. E.: 2013, S.28f
[25] Vgl. Steins, G.: 2009, S. 723f

2. Emotionstheorien

In der Emotionspsychologie wird grundlegend zwischen vier Ansätzen unterschieden. Es gibt die evolutionsbiologischen, die behavioristisch-lerntheoretischen bzw. die kognitiven, neuro- und psychophysischen Ansätze, sowie die der kognitiven Bewertungstheorien. Im Folgenden wird von jedem Ansatz beispielhaft eine Theorie vorgestellt.

2.1 Theorie von Darwin

Als einer der bedeutendsten Forscher auf dem Gebiet hat Darwin einen evolutionsbiologischen Ansatz präsentiert. Darwin beschäftigt sich mit der Frage, welche Komponenten von Emotionen erblich sind. Dabei wird der mimische Ausdruck von Emotionen als genetisch angelegtes und im Laufe der Evolution durch natürliche Auslese entstandene Phänome beschrieben. Diese verschafften in der Entstehungsgeschichte der entsprechenden Spezies Überlebens- und Fortpflanzungsvorteile. So fördert Verhalten, das der Selbst- und Arterhaltung dienlich ist, das Erleben positiver Emotionen. Zugleich begünstigt Verhalten, welches das Überleben und Fortpflanzung der Art gefährdet, das Erleben negativer Emotionen. Zusätzlich präsentierte Darwin mit der Universalitätshypothese einen Ansatz, der häufig auch in modernen Emotionstheorien aufgegriffen wird. Sie beschreibt, dass Freude, Überraschung, Ärger, Ekel, Furcht und Trauer so genannte Basisemotionen sind. Diese sind bei allen Menschen zu finden – unabhängig von ihrem Alter, Geschlecht und kulturellen Hintergrund.[26]
Die direkte heutige Bedeutung von Darwins Ansatz ist gering, jedoch beeinflusste er u.a. in Form der Basisemotionen entscheidend die weitere Forschung.[27] So kommen weiterentwickelte Ansätze wie bspw. der von Ekman zur Analyse des Gesichtsausdrucks (Detektion von Lügen) bei der Polizei oder bei Geheimdiensten zur Anwendung. Ein Problem bis heute stellt die Uneinigkeit der Forscher über die Anzahl der Basisemotionen dar.

---

[26] Vgl. Brandstätter, V./Schüler, J./Puca, R. M./Lozo, L.: 2013, S. 161f
[27] Vgl. Merten, J.: 2009, S. 424

2.2 Theorie von Watson und Ryner

Mit einem behavioristisch-lerntheoretischen Ansatz haben Watson und Ryner die Emotionen unter dem Aspekt von Lernerfahrungen beschrieben. Zunächst wurden dazu Verhaltensmuster betrachtet und in Experimenten mit Neugeborenen Basisemotionen (Furcht, Wut, Liebe) identifiziert, die bei allen Menschen ungelernt vorhanden sind. Aus diesen entstehen durch Konditionierung im Laufe des Lebens alle weiteren, sekundären Emotionen.[28] Auch mit dem so genannten „Little Albert"-Experiment konnte diese These am Beispiel der Erlernbarkeit und Generalisierbarkeit von Angstreaktionen verdeutlicht werden. Ausgangspunkt des Experimentes war die Annahme, dass die Anzahl der Reize, die eine emotionale Reaktion auslösen, auf einfache Weise vermehrt werden kann. Nach Watson und Ryner besitzen Emotionen keine Erlebniskomponenten, sondern sind angeboren oder gelernt.

Eine direkte Anwendung findet die Theorie Watsons heute nicht, sie gab jedoch den Anstoß zu unterschiedlichen Modellen, die Menschen ungeachtet der erblichen Voraussetzungen beurteilen. Ein Beispiel hierfür ist der pädagogische Optimismus, der den Schüler als unbeschriebenes Blatt sieht. Dabei werden die genetischen Voraussetzungen ignoriert, dies birgt jedoch die Gefahr der Überforderung.[29]

2.3 Theorie von LeDoux

LeDoux geht davon aus, dass nicht Kognitionen zu Emotionen führen, sondern dass es sich dabei um zwei wechselwirkende mentale Funktionen handelt, die durch voneinander getrennte Hirnsysteme realisiert werden.

Zunächst fungieren externe Stimuli als Auslöser. Dieser Reiz wird vom sensorischen System aufgenommen und ins Arbeitsgedächtnis überführt. Hier bleibt er für wenige Sekunden als Repräsentation erhalten. Es erfolgt ein Abgleich zwischen den Informationen sensorischer Modalität und den gespeicherten Informationen aus dem Langzeitgedächtnis. Dies führt zu einer

---

[28] Vgl. Winke-Fischer, S.: 2013, S. 51f
[29] Vgl. Bründler, P./Bürgisser, D./Lämmli, D./Bornand, J.: 2004, S. 162

kognitiven Bewertung des Reizes, welche wiederum die Basis für das Empfinden von Emotionen darstellt, jedoch für das Emotionserleben nicht ausreichend ist. Erst durch die Aktivierung der Amygdala und die daraus folgenden Reaktionen wird in der Summe betrachtet ein Ereignis zu einem
emotionalen Erlebnis.

Die Theorie von LeDoux hat aktuell eine große Bedeutung in der Emotions-
forschung. Aus ihr leiten sich u.a. grundsätzliche Strategien emotionsbezo-
gener psychotherapeutischer Techniken ab – Emotionsexpositionen, Acht-
samkeitsübungen und Neubewertungen.[30] Auch im Bereich des Marketing
wird sie vor allem dann angewandt, wenn die unbewusste Natur von Emotionen und deren Aufgabe der schnellen Reizantwort belegt werden soll.[31]

2.4 Theorie von Lazarus

Mit seinem kognitiv-motivational-relationalen Ansatz stellt Lazarus eine
Emotionstheorie vor, die im transaktionalen Stressmodell eine praktische
Anwendung zeigt. Er geht davon aus, dass sich die individuelle Bedeutung
eines emotionsauslösenden Ereignisses aus einem Prozess der Bewertung
der Situation ergibt. Es handelt sich dabei um einen Vorgang in mehreren
Schritten.[32] Menschen nehmen zunächst Umweltreize wahr und bewerten
diese automatisch subjektiv in Bezug auf ihre persönliche Relevanz. Es erfolgt hiermit eine so genannte "primäre Einschätzung". Zeitgleich werden
die Bewältigungsmöglichkeiten der entsprechenden Situation bewertet und
der Mensch greift dabei auf die ihm zur Verfügung stehenden Ressourcen
zurück. Dies erfolgt als „sekundäre Einschätzung" in Bezug auf die Kontrol-
lierbarkeit der Situation. Je ungünstiger diese subjektive Bewertung der eigenen Ressourcen ausfällt, desto stärker ist die Stressreaktion, die durch
den Reiz ausgelöst wird. Diese äußert sich im subjektiven Empfinden, körperlichen Veränderungen und im Handeln der betreffenden Person. Das
Modell von Lazarus beschreibt Stresssituationen als komplexe Wechselwir-
kungsprozesse zwischen den Anforderungen der Situation und der subjekti-

[30] Vgl. Lammers, C.-H.: 2009, S. 68
[31] Vgl. Mau, G.: 2009, S. 27
[32] Vgl. Nerdinger, F./Blickle, G./Schaper, N.: 2014, S. 521

12

ven Einschätzung. Hierbei ist nicht die objektive Beschaffenheit der Reize für die Stressreaktion von Bedeutung, sondern deren subjektive Bewertung durch den Betroffenen. Das Modell wird als transaktional bezeichnet, da ein Bewertungsprozess zwischen Situation und Stressreaktion geschaltet ist.

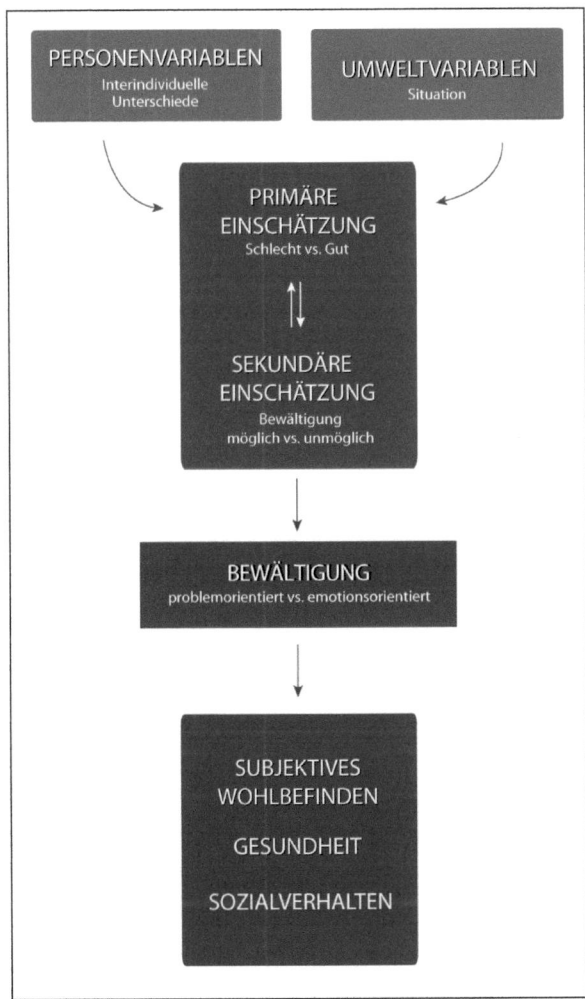

Abbildung 2: Kognitiv-transaktionaler Ansatz
(Quelle: Vgl. Freie Universität Berlin (19.01.2015) http://www.osa.fu-berlin.de/psychologie/00_media/10_IFE/Klinische/IFE_KG_Lazarus1.png)

Im beruflichen und privaten Alltag kommt es manchmal vor, dass einige Menschen durch ein und denselben externen Stressor stärker gestresst und psychisch beansprucht werden als andere. Hier kommt das transaktionale Stressmodell von Lazarus häufig in Form von Stresspräventions- und Behandlungsansätzen implizit oder explizit zum Einsatz.[33] Das Modell bietet bis heute ein sehr großes Anwendungsspektrum u.a. in der Verhaltenstherapie oder betrieblichen Gesundheitsförderung.

2.4.1 Exkurs: Praxisbeispiel Theorie von Lazarus

Die Assistenzärzte Dr. Jäger und Dr. Neuer in einem Klinikum betreuen aktuell jeweils Patienten mit seltenen, jedoch wissenschaftlich interessanten Erkrankungen. Der Chefarzt bittet nun beide, diese Krankheitsbilder am nächsten Tag als Fallbeispiele im Hörsaal seinen Studenten zu präsentieren. Umfang und Anspruchsniveau der Aufgabe sind somit gleich, sie wird jeweils als Umweltreiz aufgenommen. Im Schritt der primären Bewertung denkt Dr. Neuer im Hinblick auf den Vortrag „Eine tolle Möglichkeit, mein Wissen zu zeigen.", Dr. Jäger hingegen fühlt sich überfordert und fürchtet die Überstunden. Es kommt zu individuellen Einschätzungen der Situation, deren Belastung und damit auch deren Bedrohlichkeit. Während Dr. Neuer die Aufgabe als Herausforderung und im Hinblick auf die eigenen Ressourcen als bewältigbar einschätzt, nimmt Dr. Jäger den Auftrag als eine Bedrohung wahr. Damit haben die beiden Ärzte in der sekundären Einschätzung bewertet, ob die Situation mit den verfügbaren Ressourcen gemeistert werden kann. Stress kann hier durch ein Ungleichgewicht zwischen Anforderungssituation und Bewältigungsmöglichkeiten entstehen. Während Dr. Jäger seine Ressourcen als nicht ausreichend erachtet und eine Stressreaktion ausgelöst wird, bereitet Dr. Neuer einen ersten Entwurf für Zeit- und Vortragsplanung vor. Sie sieht, dass die Aufgabe schwierig ist, ihr aber ausreichend Ressourcen zur Verfügung stehen. Diese können Vorerfahrung im Vortrag halten sein oder Vorwissen in diesem speziellen Gebiet sein. Es wird hier eine Bewältigungsstrategie entworfen, die von der Situation sowie von den Eigenschaften der Person abhängig ist.

---

[33] Vgl. Margraf, M./Schneider, J.: 2009, S. 620

3. Fazit

Stressoren spielen im Arbeitsalltag eine wichtige Rolle. Der Umgang mit ihnen ist individuell unterschiedlich. Hierfür liefern die unterschiedlichen Emotionstheorien Erklärungsansätze und können in Therapie und Gesundheitsförderung Anwendung finden.

Aufgabe 3

Ist man ein guter und vor allem ein zufriedener Mitarbeiter, wenn man täglich und ein Leben lang die gleiche Aufgabe verrichtet? Oder kann ein Mensch sich nur Weiterentwickeln, wenn man ihn vor neue Herausforderungen stellt? Maßnahmen und Möglichkeiten, um die Motivation über Jahre hinweg aufrecht zu erhalten, werden im Folgenden vorgestellt.

1. Arbeitsfeldvergrößerung

Eine Möglichkeit zur verbesserten Mitarbeitermotivation bilden Veränderungen des Tätigkeitsfeldes. Ziel ist es, Monotonie zu verhindern und zugleich der Weiterentwicklung des Einzelnen Mitarbeiters zu fördern.[34]

1.1 Maßnahmen

1.1.1 Job Rotation

Hierbei handelt es sich um einen regelmäßigen Arbeitsplatzwechsel. Einzelne Aufgaben werden systematisch von Kollegen übernommen und somit kommt es zur Erweiterung des eigenen Horizontes, sowie einer Vermeidung von Monotonie. Die Rotation kann z.B. wochenweise erfolgen, der Zuständigkeitsspielraum der einzelnen Mitarbeiter bleibt meist unberührt.

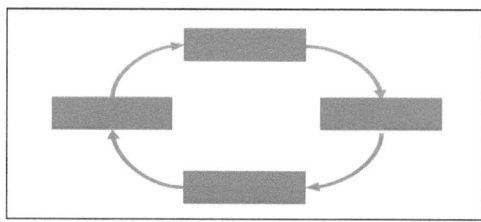

Abbildung 3: Job Rotation
(Quelle: Vgl. eigene Darstellung in Anlehnung an 4managers (08.01.2015), http://4managers.de/fileadmin/_migrated/pics/jobenrichment_03.gif)

---

[34] Vgl. Winke-Fischer, S.: 2013, S. 86f

Vorteile des Konzeptes sind die Flexibilisierung und eine Vermeidung einseitiger physischer und psychischer Belastungen,[35] sowie die Möglichkeit, durch einen Rundumwechsel alle anderen Arbeitsplätze kennen zu lernen. Nachteile sind Verlust stabiler Kontakte und ein erheblicher Zeitaufwand durch immer wieder notwendige Einarbeitung in neue Aufgaben.

1.1.2 Job Enlargement

Durch diese Maßnahme wird eine Arbeitserweiterung erzielt. Der Mitarbeiter übernimmt innerhalb seines Arbeitsplatzes mehrere Tätigkeiten. Es handelt sich somit um eine Vergrößerung des Arbeitsspielraumes, nicht aber des Entscheidungsspielraumes. Es resultiert daraus letztendlich eine Vergrößerung des Arbeitsfeldes, da ähnliche oder vor- bzw. nachgeordnete Aufgaben zum ursprünglichen Arbeitsgang hinzugefügt werden. Inhaltlich vergleichbare Aufgaben werden zusammengeführt und nun von einem Mitarbeiter bearbeitet.[36] Es handelt sich hierbei um eine horizontale Erweiterung des individuellen Tätigkeitsspielraums.

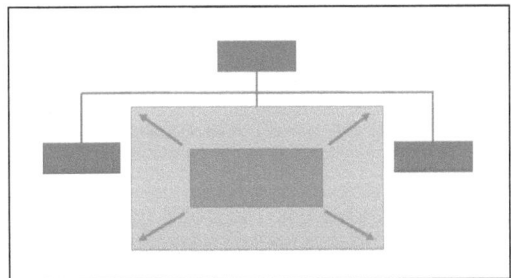

Abbildung 4: Job Enlargement
(Quelle: Vgl. eigene Darstellung in Anlehnung an 4managers (08.01.2015), http://4managers.de/fileadmin/_migrated/pics/jobenrichment_03.gif)

Vorteile bestehen bei dieser Maßnahme in der Vermeidung einseitiger Belastungen, Routine und Monotonie. Das Verfahren soll zudem dazu dienen, die Nachteile der durch den technischen Fortschritt bedingten Speziali-

---

[35] Vgl. Winke-Fischer, S.: 2013, S. 87
[36] Vgl. Winke-Fischer, S.: 2013, S. 86f

sierung abzufangen. Der Mitarbeiter wird für zusätzliche Aufgaben qualifiziert und kann zukünftig flexibler eingesetzt werden. Es bietet sich die Möglichkeit einer stellengebundenen Personalentwicklung. Nachteile ergeben sich in der Notwendigkeit vermehrter Fortbildungen und dem Risiko, dass der Mitarbeiter nicht fähig zur Bewältigung der neuen Aufgaben ist.

1.1.3 Job Enrichment

Diese Maßnahme zielt auf eine qualitative Arbeitsfeldvergrößerung ab. Verschiedenartige Aufgaben werden hierbei zu einem Gesamtprojekt zusammengelegt. Der Kontroll- und Entscheidungsspielraum erweitert sich im Gegensatz zum Job Enlargement.

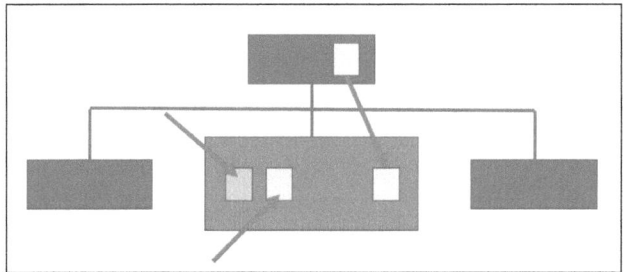

Abbildung 5: Job Enrichment
(Quelle: Vgl. eigene Darstellung in Anlehnung an 4managers (08.01.2015),
an http://4managers.de/fileadmin/_migrated/pics/jobenrichment_03.gif)

Es werden von einem Mitarbeiter Aufgaben und Tätigkeiten übernommen, die bisher einer höheren hierarchischen Ebene zugeordnet waren, sowie qualitativ anspruchsvoller sind. Für jeden Einzelnen bietet sich die Chance der Weiterentwicklung seiner Fähigkeiten. Job Enrichment kann somit die Kreativität, Produktivität und im Endeffekt die Motivation der Mitarbeiter fördern. Es läuft primär auf der vertikalen Ebene ab. Vorteile bieten sich ebenfalls durch eine Verminderung der Monotonie und Senkung des Spezialisierungsgrades. Risiken und Nachteile können die Unzufriedenheit des Mitarbeiters bei Überforderung und die Notwendigkeit vermehrter Fortbildungen bilden.

1.2 Anwendbarkeit

Die Maßnahmen zur Motivation in Form von Veränderungen des Tätigkeitsfeldes bieten bei zielgerichtetem Einsatz große Chancen für die einzelnen
Unternehmen und Mitarbeiter.

Das Konzept der **Job Rotation** ist vor allem in den Bereichen sinnvoll, in
denen zwar unterschiedliche Aufgaben von den involvierten Mitarbeitern
ausgeführt werden, sich diese jedoch auch nicht zu stark voneinander unterscheiden. Im Hotelfach könnten bspw. die Rezeption, der Wellnessbe-
reich, die Küche und das Controlling interessante Stationen in der Rotation
bilden. Hingegen wird in kleinen Betrieben, in denen Mitarbeiter unter-
schiedlichster Ausbildungshintergründe aufeinandertreffen, eine Rotation
schwierig sein. So würde die Maßnahme bspw. in einem Juweliergeschäft,
in dem Goldschmied, Verkäufer und Buchhalterin arbeiten, bei einer Rotation zu keiner ausreichenden Wirtschaftlichkeit führen. Auch im Krankenhaus
wird ein Orthopäde nicht in der Kürze der Zeit die Aufgaben des Augenarz-
tes übernehmen können, ohne die Patientensicherheit zu gefährden.

Job Enlargement ist bei den Mitarbeitern sinnvoll, bei denen noch zeitliche
Kapazitäten bestehen. So könnte eine nicht ganz ausgelastete Sekretärin
neben ihren Routineaufgaben noch zusätzlich sämtliche Büroräume der
Abteilung morgens auf- und abends abschließen, sowie PCs hoch und wieder herunter fahren. In einem Restaurant könnte die Servicekraft vor
Schichtbeginn in der Küche bei der Vorbereitung mithelfen. Nicht ange-
bracht bzw. durchführbar ist das Job Enlargement, wenn die Mitarbeiter
zeitlich ausgelastet bzw. überlastet sind und keine weiteren Aufgaben übernehmen können. Ebenfalls kritisch zu prüfen sind Umverteilungen, wenn ein
anderer Kollege dadurch benachteiligt wird, d.h. ihm seine Kernaufgaben
entzogen werden und dieser wiederum keine neuen erhält.

Job Enrichment bewirkt eine strukturelle Veränderung von
Arbeitssituationen und sollte daher nur wohlbedacht angewandt werden. Es
bietet für den einzelnen Mitarbeiter die Chance der Persönlichkeitsentfaltung und Selbstverwirklichung, dies kann zu einer Steigerung der
Arbeitsmotivation führen. Eine Krankenschwester in der Notaufnahme
könnte bspw. zusätzlich zu ihrer Routinetätigkeit der Patientenaufnahme

noch Aufgaben im Bereich des Patientenmanagementes, der Patienten-koordination oder delegierte ärztliche Aufgaben wie dem Legen von Venenverweilkanülen übernehmen. Das Konzept des Job Enrichment sollte jedoch nicht eingesetzt werden, wenn Mitarbeiter mit dem Niveau der aktuellen Aufgaben bereits ausgelastet sind und das neue Anforderungsprofil dem nicht entsprechen würde. So kann ein Mitarbeiter aus der Küche ohne englische Sprachkenntnisse nicht an der Rezeption eines Fünfsternehotels eingesetzt werden. Die zukünftig zu übernehmenden Tätigkeiten sollten somit den vorhandenen Potenzialen des Mitarbeiters an-gepasst sein. Hierzu kann die Erarbeitung eines Anforderungsprofils hilf-reich sein. Schwierigkeiten treten auf, wenn der Mitarbeiter durch die Über-nahme von komplexeren, qualitativ angereicherten Aufgaben überfordert ist.

In Unternehmen sollte keine der Maßnahmen eingesetzt werden, wenn alle Mitarbeiter aktuell bereits zeitlich und inhaltlich ausgelastet oder überlastet sind. Hier würden die Aufgabenneuverteilung und die damit verbundene Einarbeitung bzw. Fortbildung das System ins Stocken bringen. Wenn sich die Lage entspannt hat (bspw. nach dem Weihnachtsgeschäft, Jahresabschluss, finanzielle Krise im Unternehmen), kann eines der Konzepte angewandt werden. Ähnlich verhält es sich bei Betrieben, in denen die Mitarbeiterzahl durch Kranheitsausfälle dezimiert ist, hier sollte zunächst auf weitere Maßnahmen, die zusätzliche Wechsel oder Aufgabenumverteilungen bewirken, verzichtet werden.
In Bereichen, in denen die Produktqualität stark beeinträchtigt werden könnte oder einschneidende wirtschaftliche Folgen für das Unternehmen auftreten, ist von den oben genannten Maßnahmen abzusehen. Auch bei der Pflege sensibler Geschäftskontakte sollten diese nicht durch Zuständigkeitswechsel auf in diesem Bereich fehlbesetze Mitarbeiter beeinträchtigt werden. Im Bereich des Gesundheitswesens bzw. Berufen mit hohem Unfallrisiko ist zu beachten, dass die Sicherheit von Mitarbeitern oder Patienten zu keinem Zeitpunkt durch motivationale Veränderungs-maßnahmen gefährdet sein darf.

2. Habithierarchie

Der Psychologe Hull befasst sich in seiner Verhaltenstheorie mit Motivation im Sinne des Stärkens von Reiz-Reaktions-Verknüpfungen und mit der Frage, wie gelernte Motive erworben werden. Hierarchisch angeordnete Reiz-Reaktions-Verbindungen stellen hierbei die Befriedigung primärer Bedürfnisse sicher. Menschen verfügen somit über angeborene Rezeptor-Effektor-Verbindungen, die unter dem Einfluss von Stimulation und Trieb (= intervenierende Variable) Reaktionen aktivieren können. Die so genannte primäre oder sekundäre Verstärkung führt dazu, dass sich auch über ange-borene Reiz-Reaktions-Verbindungen hinaus neue Gewohnheiten ausbilden können. Die erlernte Verknüpfung zwischen Reiz und Reaktion bezeichnet Hull als Habit. Primäre Verstärkung bezieht sich auf die Befriedigung primä-rer Bedürfnisse wie Atmen, Erholung oder Nahrungsaufnahme. Der Ver-stärker ist dabei direkt in der Lage, ein primäres Bedürfnis zu befriedigen. Bei der sekundären Verstärkung hingegen wird erst durch die Assoziation mit einem primären Verstärker die Fähigkeit erlangt, die Auftretenswahr-scheinlichkeit in einer bestimmten Situation zu erhöhen. Der wohl prominen-teste sekundäre Verstärker für den Menschen stellt Geld dar.[37] Hier liegt ein Ansatz in der Anwendung von Mitarbeitermotivation. Finanzielle Honorie-rung ist zwar nicht in der Lage, direkt primäre Bedürfnisse zu befriedigen, sie lassen sich damit jedoch verwirklichen. Damit Habits aktiviert werden, muss ein unbefriedigtes Bedürfnis vorliegen. Es bildet sich eine Hierarchie dieser Habits hinsichtlich Ausprägungsgrad und Häufigkeit in der jeweiligen Situation. Ganz oben in der Hierarchie dieser Habits stehen diejenigen mit der höchsten Gewohnheitsstärke (= Tendenz einer Person, auf einen aus-gewählten Reiz mit einer bestimmten Reaktion zu reagieren). Jeder Mensch hat seine individuelle Gewohnheitshierarchie. Entscheidend für die Höhe der sich ausbildenden Gewohnheitsstärke ist die zeitliche Nähe von Reiz und Reaktion, sowie das Ausmaß der Verstärkungen.[38] Während Reaktio-nen, die positive Konsequenzen haben, in der Habithierarchie aufsteigen, rücken diejenigen mit negativen Folgen in der Hierarchie nach unten.

---

[37] Vgl. Rammsayer, T./Weber, H.:2010, S. 74
[38] Vgl. Rammsayer, T./Weber, H.:2010, S. 71ff

3. Arbeitsfeldvergrößerung vs. Habithierarchie

Durch die dargestellten Konzepte mit Veränderungen des Tätigkeitsfeldes auf der einen und Gewohnheitshierarchie auf der anderen Seite bieten sich in unterschiedlichen Arbeitssituationen Maßnahmen, Mitarbeiter zu motivieren und ihre Potenziale auszuschöpfen. Hervorzuheben ist, dass die Umverteilung der Aufgaben in Form von Veränderungsstrategien einen inhaltlich größeren und langfristigeren Nutzen für Mitarbeiter und Unternehmen birgt. Die Fortbildungen, Erfahrung in neuen Bereichen und die Persönlichkeitsentfaltung werden auch in fernerer Zukunft zur Weiterentwicklung des Mitarbeits beitragen. Ebenso bereichern das Teamgefühl und inhaltliche Ausweitung des evtl. bisher nur sehr spezialisierten Tätigkeitsfeldes die tägliche Arbeit, sowie die berufliche Vita. Man greift die Ursach der Problemtik (Monotonie, Unterforderung) auf und leitet hieraus Maßnahmen ab. Die Befriedigung in Form monetärer Maßnahmen oder Sonderurlaub hingegen wird im Gegensatz dazu immer nur kurzfristig Wirkung zeigen und bedarf ständig neuer positiver Impulse, um die Motivation aufrecht zu halten. Je nach individueller Lerngeschichte stellt die Habithierarchie sich wieder um. Befindet sich das Unternehmen allerdings gerade in der Situation, dass auf Grund von branchenüblichen Arbeitsspitzen Mehrarbeit geleistet werden muss, können Sonderzahlungen oder -urlaube hier gezielt zur Überbrückung eingesetzt werden.

Während es für die Anwendung der Maßnahmen zur Veränderung des Tätigkeitsfeldes Einschränkungen gibt (keine zu kleinen Betriebe, Vorsicht vor Überforderung), lassen sich Bonuszahlungen in nahezu jeder Branche und Mitarbeiterkonstellation durchführen.

4. Fazit

Um Monotonie, Spezialisierung und einseitiger Belastungen entgegenzuwirken, sowie vorhandene Potenziale optimal nutzen zu können, bedarf es bestimmter Maßnahmen. Diese sollten der Arbeitssituation und dem Profil des Mitarbeiters bzw. des Tätigkeitsfeldes angepasst werden.

Literaturverzeichnis

Brandstätter, V./Schüler, J./Puca, R. M./Lozo, L.: Motivation und Emotion. Allgemeine Psychologie für Bachelor. 1. Auflage. Springer-Verlag. Berlin Heidelberg. 2013

Bründler, P./Bürgisser, D./Lämmli, D./Bornand, J.: Einführung in die Psychologie und Pädagogik: Lerntext, Aufgaben mit kommentierten Lösungen und Glossar. Compendio Bildungsmedien. Zürich. 2004

Comelli, G./Von Rosenstiel, L.: Führung durch Motivation. Mitarbeiter für Unternehmensziele gewinnen. 4. Auflage. Vahlen Verlag. München. 2009

Hartmann, M.: Gefühle. Wie die Wissenschaften sie erklären. 1. Auflage. Campus Verlag. Frankfurt/Main. 2005

Lammers, C.-H.: Emotionsbezogene Psychotherapie: Grundlagen, Strategien und Techniken. 2. Auflage. Schattauer Verlag. Stuttgart. 2009

Link, J.: Führungssysteme. Strategische Herausforderung für Organisation, Controlling und Personalwesen. Vahlen Verlag. München. 1996

Margraf, M./Schneider, J.: Lehrbuch der Verhaltenstherapie. Störungen im Erwachsenenalter – Spezielle Indikationen – Glossar. 3. Auflage. Springer Medizin Verlag. Heidelberg. 2009

Mau, G.: Die Bedeutung der Emotionen beim Besuch von Online-Shops: Messung, Determinanten und Wirkungen (Interaktives Marketing). 1. Auflage. Gabler Verlag. Göttingen. 2009

Merten, J.: Ausdruck. In: Handbuch der Allgemeinen Psychologie - Motivation und Emotion. 1. Auflage. Hogrefe-Verlag. Göttingen. 2009

Myers, D. G.: Psychologie. Heidelberg. Springer-Verlag. 2005

Nerdinger, F./Blickle, G./Schaper, N.: Arbeits- und Organisationspsychologie. 3. Auflage. Springer-Verlag. Berlin Heidelberg. 2014

Rammsayer, T./Weber, H.: Differentielle Psychologie – Persönlichkeitstheorien. 1. Auflage. Hogrefe. Göttingen. 2010

Rothermund, K./Eder, A.: Motivation und Emotion. Basiswissen Psychologie. 1. Auflage. VS Verlag. Wiesbaden. 2011

Schmalt, H.-D./Langes, T. A.: Motivation. 4. Auflage. Kohlhammer. Stuttgart. 2009

Schmitz-Atzert, L./Amelang, M.: Psychologische Diagnostik und Intervention. 5. Auflage. Springer-Verlag. Berlin Heidelberg. 2012

Schwarz-Friesel, M.: Sprache und Emotion. 2. Auflage. UTB. Stuttgart. 2013

Sokolowski, K: Emotion. In: Lehrbuch Allgemeine Psychologie. 1. Auflage. Spektrum Akademischer Verlag. Heidelberg. 2002

Steins, G.: Empathie. In: Brandstätter, V./Otto, J. H. (Hrsg.): Handbuch der Allgemeinen Psychologie - Motivation und Emotion. Hogrefe. Göttingen. 2009

Trimmel, M.: Angewandte Sozialpsychologie. Facultas. Wien. 2003

Winke-Fischer, S.: Motivation. Studienbrief der SRH FernHochschule Riedlingen. Riedlingen. 2013

Winke-Fischer, S.: Emotionen. Studienbrief der SRH FernHochschule Riedlingen. Riedlingen. 2014

Zhou, J./Shalley, C. E.: Zum Verständnis von Kreativität am Arbeitsplatz: Ein Überblick zu verschiedenen Ansätzen der Kreativitätsforschung. In: Krause, D. E. (Hrsg.): Kreativität, Innovation, Entrepreneurship. Springer Gabler. Klagenfurt. 2013